사랑밖에 난 몰라

사랑밖에 난 몰라

김선정 시집

인간과문학사

● 시인의 말 ●

사랑이라는 말에 쿵쾅거리는 마음을 어쩌지 못한 기억이 있습니다.
그것은 기쁜 설렘이기도 했고, 미지의 두려움이기도 했습니다.

많은 결핍에도 부족함을 모르는 삶을 살고 있습니다. 그건 아마도 사랑을 놓지 않고, 팔딱거리는 심장이 내는 소리에 흥분하고 반응하며 살아가고 있기 때문일 겁니다.

사랑은 내 삶의 가장 아름다운 감정이고, 영혼을 감싸는 따스한 햇살입니다.

숨겨진 깊은 감정들을 시를 쓰며 쏟아놓습니다. 기쁨의 순간, 슬픔의 여운, 그리고 그리움의 향기 속에서 조금씩 성장하고 참나를 찾아갑니다.

나는 사랑 때문에 때로는 아프고, 때로는 달콤한 추억으로 가득 차 있습니다. 다 껴안고 살 수 없어 시를 쓰고, 마음속 깊은 곳에 위로의 잔잔한 파동을 경험합니다. 그리고 그 파동이 삶에 작은 기적을 불러옵니다.

사랑은 서로를 이해하고 연결하는 힘입니다.
나는 사랑 중입니다.

차례

시인의 말 - 4

제1부 풍경소리

이윽고 아름답다 - 10

연애소설 쓰는 여자 - 12

마음 - 13

어떤 흐린 가을비 - 15

어떤 흐린 가을비 2 - 17

아직 내 사랑은 아픕니다 - 18

단풍 - 19

수면유도제 - 20

목행역에서 - 22

D+3일에 쓰는 편지 - 24

늦가을 나팔꽃 - 26

여보 - 28

커피 부작용 - 31

그만큼의 인연 - 32

꽃물 흘러내리다 - 33

서해에 비 내리는 날에는 - 35

풍경 소리 - 36

제2부 농담 혹은 고백

달맞이꽃 - 38

사랑의 불시착 - 39

감기 - 41

썸 - 44

더는 그를 사랑하지 않는다는 것은 - 46

농담 혹은 고백 - 48

살겠다 - 50

끊어진 반지 - 51

행복한 고구마 이야기 - 52

엉터리 사랑 - 54

무엇이든 총량의 법칙 - 57

갱년기 극복 프로젝트 - 58

수안보 온천 예찬론 - 60

능소화 담장 넘던 날 - 61

마른장마 - 62

9월 - 64

제3부 맨날 그런다

불꽃놀이 - 68

이별… 그 다음 - 69

그댄 봄 - 70

기다리고 있는 중 - 71

예의 바른 이별 - 72

오체투지 - 73

중앙탑 - 74

화답 - 76

시집 한 권 들고 이별 중 - 78

연애와 불면의 상관관계 - 80

견뎌내야 하는 이별 언어 - 82

아가야, 내게로 오라 - 84

특별 - 86

가을 - 88

맨날 그런다 - 89

골목길 이별 조건 - 90

탄금대에서 - 91

선풍기 - 92

김선정 시인의 시 세계
이별 미학의 아포리즘, 그 '절대 사랑'의 정체 _유한근 (문학평론가 · 전 SCAU 교수) - 94

제1부

풍경소리

이윽고 아름답다

조그만 텃밭에 상추를 심느라 이랑을 만들었다
두둑과 고랑 경계가 선명하다
잘 정돈된 것이
심지어 깍쟁이처럼 이쁘다

앞뒤 좌우 간격 재며
줄 맞춰 상추를 심는다
반듯반듯 곧게 아주 곧게
어린 상추가 자란다

느닷없이 큰 비가 지나가고
상추는 불쑥 자라있다
둑과 고랑 경계는 사라지고
높고 낮음이 없어진다

세상의 경계가 사라졌다
그러므로 무한하고
이윽고 아름답다

연애소설 쓰는 여자

그녀의 소설은

꼭 연애를 담고 있어야 한다.

남자 주인공은 패배자여야 하고, 키가 작아야 하고, 얼굴은 잘생기지 않아야 한다. 프랑스 영화의 남자처럼 키스할 줄 알아야 하고 거칠어야 한다. 무작정 거칠기만 해서는 곤란하고 뭔가 특별함이 새어 나와야 한다. 심지어 고개를 숙이고 있을 때는 슬픔이 뚝뚝 떨어져야 한다. 소유에 대한 집착이 없어야 한다. 무엇보다도 바보처럼 사랑할 줄 알아야 한다.

소설 쓰는 여자 늘 연애가 그립다.

저기 먼 현실에 있는 그를 자꾸 소설 속으로 데리고 온다.

이 푸른 오늘 밤에도

마음

내 마음이 온전히 그에게 가서 닿지 않는다
닿지 못한다
우주 어딘가에 서 있는 감정을 전달해주던 기지국이 말썽이 났나 보다
꼭꼭 숨어버린 그를 찾아야 한다.
다친 마음을 서둘러 어루만져야 한다
읽지 않는 내 진심을 애써 어렵고도 쉽게 설명해야 한다

내가 겪어온
깊고 서늘한 슬픔, 맑고 투명하게 견뎌온 외로움,
푸르고 뜨거운 아픔, 수도 없이 잘라버려야 할 욕심,
봄꽃처럼 환한 즐거움
이 모든 감정은
이 우주 안에서 살고 있는 당신 덕분이라고
당신 안에서만 사랑할 수 있다고 말해야 한다
고장 난 기지국은 언제쯤 고쳐질까

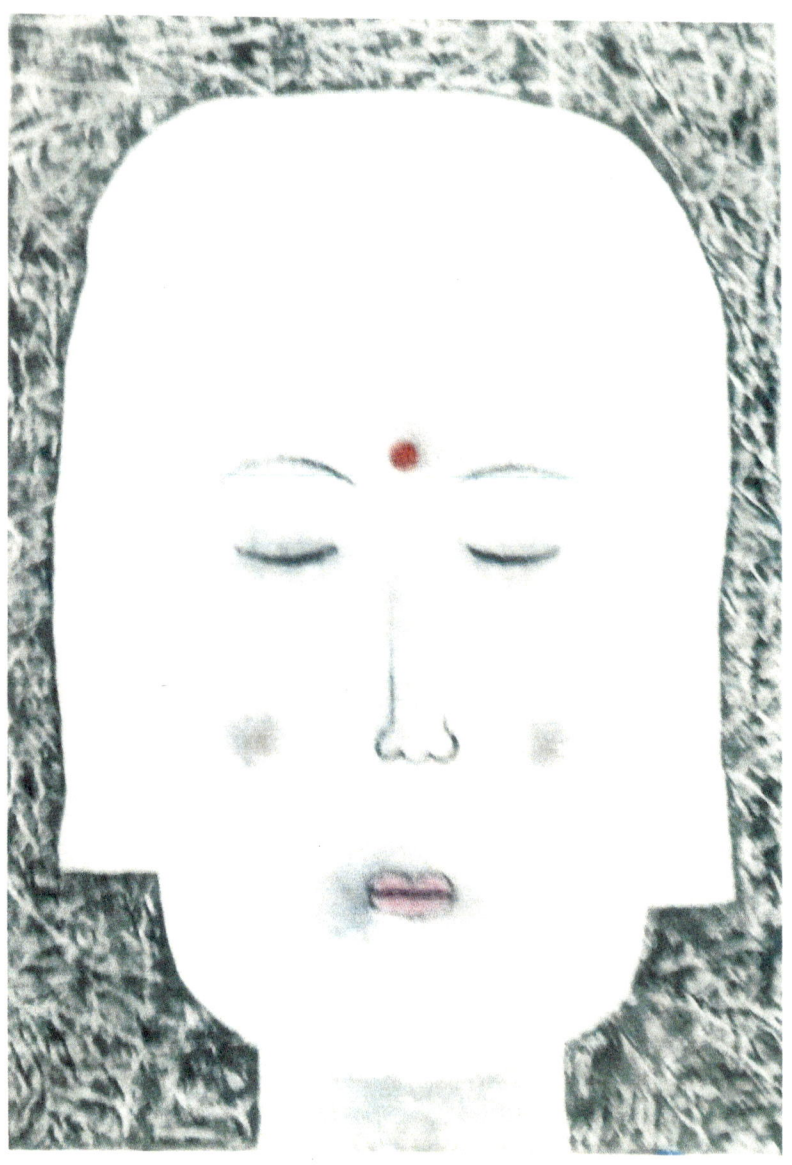

어떤 흐린 가을비

그가 써놓은 아름다운 시 위에
가을비 내린다

위대한 태양에 맞서 피었던 여름 꽃
미련 없이 지고
그의 마음 안에 있고 싶어 안달이던
내 마음 덩달아 힘없이 진다

어쩌다가 당신을 사랑해서
또 슬픈 내가
흐린 비에 아끼던 마음 다 내보이며
함부로 운다

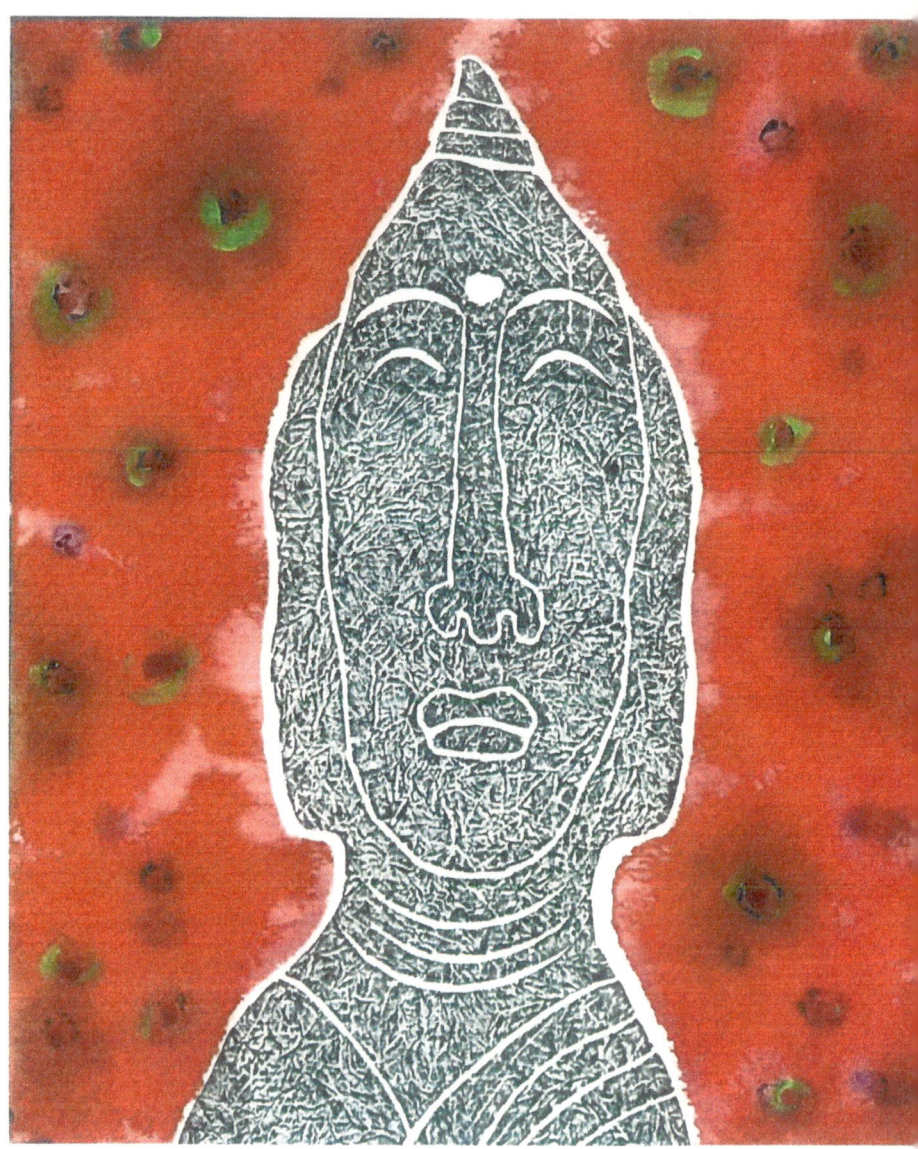

어떤 흐린 가을비 2

잡은 손을 놓지 않기로 한다
떠나는 사람은 잡지 않기로 한다
이율배반적 그리움과 미움 때문에
우울이 바람처럼 일고 강물처럼 흐른다
물들지 않은 가을은 다양한 빛깔의 슬픔이 된다

그리움은 그리움으로 남겨 둘 때
지속 가능한 사랑이 된다

모질게 이별하기로 한다
어떤 흐린 가을비 속에서

아직 내 사랑은 아픕니다

가을입니다 하고 편지를 씁니다.
아직 배롱나무 꽃이 붉지만
서둘러 가을을 들여놓았다고 편지를 씁니다.

어쩌지 못하는 그리움들이
제각기 각자의 빛깔로 물들 준비를 하는
가을이라고 편지를 씁니다.

보고 싶다는 말을 차마 쓰지 못합니다.
그 사람보다 슬픔이 먼저 달려올까 봐 나는
뻐근한 심장을 움켜쥡니다.

거기에서 당신 행복하라고
여기에서 나는 행복할 거라고
애써 담담하게 적어 내려갑니다.

그러다가
가을입니다 하고 쓴 편지를 지웁니다.

아직 내 사랑은 너무 아픕니다.

단풍

가장 예민한 곳부터 붉어진다
내 온몸 물들이고
심장까지 점령해버린 그대
곧
저 산도 붉어지겠다

수면유도제

엄마의 자장가는 이제 기억에도 없다

지난 밤 잠들지 못하는 내게
최대한 졸린 목소리로 불러준 그의 자장가는
수면 유도에 빠른 효과가 없었다

청력이 아니라
가슴에 먼저 와닿은 자장가는
심장을 묵직하고 격하게 만들어 버리고
선한 의도를 잊고 불면을 유도하는데 주력하였다

그럼에도불구하고
이윽고
잔잔해져야 한다
고요해져야 한다
그의 거룩하고 갸륵한 자장가에
저항 없이 부응해야 한다

맑게 깨어난 아침
입가에 선명하게 남은 침 자국이 행복하다

기꺼이 중독되고 싶은
그대 나의 수면유도제

목행역에서

기차가 지나간다
기다리는 이는 오지 않는다
기차가 서지 않는 역에는
가을만이 찬찬히 내려 앉을 뿐이다
이별만이 쓸쓸히 지나갈 뿐이다
숨 막히는 외로움이 기차를 따라 철커덕거릴 뿐이다
기다리는 이가 오지 않는다
노을은 물들기 시작하고
바스락거리는 길 위로 눈물이 강처럼 흐르는데
지금쯤 와주면 좋을 그는 오지 않는다
내일도 오지 않는다
나는
기차가 서지 않아
그가 오지 못하는 이 곳에서
추억을 들추며 애써 그를 기다린다

D+ 3일에 쓰는 편지

R에게
오늘이 되니 눈물이 흘러요
당신을 기쁘게 보내겠다는 말은 할 수 없을 것 같아요
'저는 괜찮습니다'라는 말도 할 수 없어요.

동안 저에게 보여주셨던 마음들을 복기하며
내 사랑의 모순을 적나라하게 들여다 보고 있어요

가장 깊은 곳에 숨겨 두고
가끔 고개 내밀던 죄책과 한계를 부정하려 했죠
사랑이라는 이름으로
하지만 당신 입을 통해 들은 그 말…
그 말이 품고 있는 자멸하고 싶은 감정을 알기에

당신을 놓아요…

내일도 눈물이 흐를 거예요
당신을 사랑했던 만큼

이별을 기꺼이 받아들여요
당신을 원했던 만큼

붙들어야 하는 마음과
놓아야 하는 마음의 경계를 따라
아슬아슬 줄타기 하는 나를 기꺼이 응원해요

이별해줘서 고마워요

늦가을 나팔꽃

주차장 구석진 곳
여름 내내 노란 오이꽃 피고 지던 곳에
나팔꽃이 피었다

숨죽여 요란하던 짝사랑은
신께 허락받은 생을 다한 오이꽃처럼
조용히 숨을 거뒀노라고
세상을 향해
보랏빛 환호와 축복을 보낸다

피자마자 소멸을 꿈꾸는
늦가을 나팔소리 들린다

여보

여보~
입을 동그랗게 내밀고
콧소리를 더해 당신을 발음해요

이 호칭이 이렇게
달콤하고 설렘을 주는 말이란 걸
왜 진작 알지 못했을까요
여보라고 부르면
막 뽀뽀가 하고 싶어진다는 걸
왜 이제야 알았을까요

여보
여보
깊은 들숨과 진한 날숨이
우주에 거룩한 파장을 일으키며
둥글고 깊게
당신을 향해 퍼져나가요

부디
내 목소리가 당신 심장에 가 닿으면
기꺼이 나를 안아주세요

내 결핍을 당신으로 채워
마침내 하나 될 수 있도록요 여보

커피 부작용

그날
영혼이 위로받고 싶었던 날
메마른 가슴에서 바스락거리던 소리가 유난히 크게 들려 슬펐던 날 충주시 직동 375번지 카페 '느리게 걷기'에 앉아 커피를 마셨다 잠들었던 감성 장치가 깨어났고 고장나버린 기억의 회로가 제 기능을 시작했다 조신하게 놓인 커피잔에 찬사를 아끼지 않을 만큼 커피의 위대한 능력을 실감했다

다만
나의 밤은 낮과 같았다

그만큼의 인연

억지로 되지 않는 것
그저 하늘에 대고
꺼어이 꺼어이
노래나 부를 일

함부로 기다리지 말 것
그냥 바람에
주저리주저리
넋두리나 할 일

무심한 듯 가만히
해 뜨고
별 지고
달빛 번지다 보면

아!
이만큼
여기까지구나
그대와의 인연은

꽃물 흘러내리다

툭 터져버린
그리움 덩어리
꽃 위로 흘러내린다

괜찮다, 괜찮다
흠뻑 젖어
꽃물로 흘러내려라
사무치게 보고픈
그 위로 흘러내려라

비 그치고 나면
더 깊고 밝게

사랑 담은 봄비라 괜찮다
눈물 아니라
아직은 꽃물이라 좋다

서해에 비 내리는 날에는

비릿한 그리움
서해 어느 바다를 적시고 있다
오래전 그녀처럼
속으로 울음 삼키는
슬퍼서 매력적인
우울한 비 내리고 있다
나는 온몸으로
기꺼이 이 비를 맞고
우두커니 서
눈물을 보태 바다를 적신다
그러다 문득,
그리움 아니고, 속으로 우는 울음 아니라
통곡하여도 씩씩한
파도 소리에 부서지는 동해로 가고 싶다
사랑으로 빛나게 웃고 있는
동해로 가고 싶다

풍경 소리

아직은 그 때가 아니다
함께 소리 높여 불러야 할
꽃노래, 달 노래
봄노래가 새로운 말을 찾는다

그러나 사무치는 그리움 하나
툭 던져 놓고
눈물 삼키든 말든
무심히 떠나 버린

턱까지 차오른 보고픔
어쩌지 못해
그대 영혼을
그대 숨결을 만나러 달려온 여기

아, 그대!
바람에 앉아
챙그랑 챙그랑
반갑고 미안한 마음을 전하시는군요

제2부

농담 혹은 고백

달맞이꽃

온전히
님만을 기다리고
용광로 햇볕
눈물 같은 땀방울
참고 참았다

긴 노을 지고
꽃잎 단장丹粧하고
님 맞을 준비를 한다
눈썹에 비친 한낮의 설움
혼자서 반가워라

절절한 기다림
온전한 모습으로 오시겠지
보름달 높이 돋아
훤한 빛 비추시면
온몸으로 그 사랑 받으리

사랑의 불시착

탄금호를 건너오는 바람 온도가 좋다
바람의 냄새가 좋다
그 농밀한 향은 달빛마저 유혹한다
순간 우주가 흔들린다
나도 덩달아 비틀거린다
신도 어쩔 수 없는 사이
내 푸른 심장에 무언가 떨어져 박힌다
아프지 않다
그저 내 중심이 되어 여름밤에 우뚝 선다

감기

여름으로 가는 길목에서
발끝이 시렸다
싸늘한 기운 날카로운 근육통
사지를 늘어뜨리고 꼼짝도 못했다

향기로운 것인지
역한 것인지 맹맹한 코
가슴은 먹먹해지고
침을 삼킬 때마다
목이 뜨끔거렸다
사랑으로 이름 하나 부르지 못했다

한 번쯤은 그냥 스쳐가도 좋으련만
계절이 바뀔 때면
어김없이, 허락도 얻지 않고
내 우주를 송두리째 흔든다

감기
준비되지 않은 이별처럼
낯설지는 않지만
올 때마다 깊은 곳까지 아프다

썸

정체 모르는 꽃씨 하나 마음 밭에 툭하고 떨어졌다
순간 별의 씨앗이 아닌가 생각하기도 하고
바람이 흘리고 간 실없는 농담 한 조각이 아닌가도 했다

도대체 무엇을 품고 있는 씨앗일까
몹시도 궁금했지만 기다리기로 했다

다시 이 계절이 될 때까지
가만히 지켜보고 있으면 알게 되지 않을까

거부할 수 없는 사랑의 씨앗이길 간절히 바라며
기쁘게 기다리겠다

더는 그를 사랑하지 않는다는 것은

찌그러진 별빛
흐린 달빛
슬픔 한 조각 묻은 바람
속절없는 낙화
불쑥 내리는 비
숨어 우는 가을 풀벌레에게도
마음을 내어 주겠다는 것이다
온 우주를 품고 평화와 공존을
노래하려는 것이다

그 모든 것에게 내어 주었던 마음을
더 단단히 사랑하겠다는 것이다
우주에 사랑받은 적 없는 것들까지
가슴에 들이겠다는 것이다
더 크게 노래하겠다는 것이다

다만
그의 마음 안에서

더 이상 팔딱거리지 않는 내 심장을
한 방울 눈물도 허락하지 않고 도려내겠다는 것이다

농담 혹은 고백

'당신은 나를 믿지 않아요 내가 당신을 사랑한다는 것을
어쩌다 당신을 사랑하게 돼서 또 내가 슬퍼요
당신을 아낄 거예요'

하도 외로워서 새벽부터 술을 마셨다는 그에게서
아침이 지나 오후로 가는 무덤덤한 시간에 전화가 왔다네
덩달아 취한 고백의 말들이
어수선 비틀거리며 내게로 오네
시공을 넘나들며 나도 흔쾌히 비틀거리네
바보처럼 비틀거리네
쓰러질 듯 황홀한 취기에 오래오래 비틀거리네
심지어 뜨겁다네

잘 익은 농담과
덜 익은 고백 사이에서 막 외롭고 쓸쓸하였다네

살겠다

밤을 꼬박 새우며 그를 생각하다
푸른 아침이 되었다
햇살에 쏟아지는 맑은 아침이라
바람 부드러운 고운 아침이라
또 사랑을 시작할 수 있는 설레는 아침이라
무엇보다도 그를 보고 첫눈에 반한,
그 가을이라 살겠다

끊어진 반지

손가락에 변변찮은 18케이 반지
느닷없이 이음새가 뚝 끊어졌다

'어느 인연이 불행해지려나'
멈칫
주위를 돌던 기운들이 서늘하다

다시 잇지 않겠다
그냥 잊겠다
겁내지 않고 두려움 없던
그때를

끊어진 마음
조물주가 계획한 대로
놓아주겠다

행복한 고구마 이야기

우주의 기운을 받고
땅속에 묻혀 있는
어떤 생명체에 대한 혹하는 이야기를
지나가던 바람이 장황하게 늘어놓는다

날을 잘 맞춰 더 이상 우주와 내통을 하지 못하도록
통로를 끊고 땅 위로 옮겨야 한단다
소멸하기 전에,
아프게 소멸하기 전에

혹여 다칠까, 상처입을까
함부로 쓰지 않는다
보물찾기하듯 몰입하여 지구를 호미질 한다

그 모양 궁금하다
그 모양 궁금하다

우주의 사랑 먹고 자란 고놈
행복하게 생겼고나
참 행복하게

엉터리 사랑

참 오랜만에 마주 앉는다
눈빛을 읽히지 말아야 한다
마음을 들키지 말아야 한다

내 안에 슬픔이
밖으로 새어나가지 못하게
그대를 가을 햇살이 잘 드는
심장 가까운 곳에 빠르게 가둬야 한다

팔딱거리는 내 심장 소리에 맞춰
아무것도 모르는 얼굴로
아무렇지 않은 듯
그는 춤을 추고
나는
웃어야 한다

지켜야 할 것이 많아
당당하지 못한 비겁한 사랑

그대조차 모르게
나는,
크게 웃어야 한다

무엇이든 총량의 법칙

사랑이 충분하다면
아린 그리움도
설운 보고픔도 없겠지

부지런히 사랑하고
깊게 사랑하고
아프게 사랑하고
질리도록 사랑하고
그렇게 얼른
총량을 채워야 할 텐데
시린 가을 하늘에
눈물 따윈 흐르지 않도록

그런데
눈물의 총량은 무엇으로 채울 건데?

갱년기 극복 프로젝트

쉰한 살 남편에게 갱년기가 왔단다.
무디고 무심한 나는 그에게 심리적으로 또는 신체에 어떤 변화가 일어나고 있는지 전혀 알지 못했다.
사실 크게 알고 싶지도 않다.
생기 가득했던 매우 젊은 날, 객기와 호기로 똘똘 뭉쳐 있던 그를 떠올리면 아직도 부부의 인연으로 살고 있다는 게 신비로울 때도 있다.
나이 들지 않고 늘 푸르게 살 것 같던 그에게 사춘기보다 무섭다는 갱년기의 검은 그림자가 드리웠다는 것은 슬픈 일일까, 즐거운 일일까.

성기능 감소, 무기력감, 만성 피로, 집중력 저하, 우울증, 불면증, 자신감 상실, 복부비만, 체모의 감소, 근력 저하, 관절통, 피부 노화, 안면홍조, 심계항진, 발한, 골다공증, 이런 증상들 중 일부가 나타났을 게다. 그는 그것을 순순히 받아들이고 싶지 않았을 것이다. 그래서 그의 야심찬 갱년기 극복 프로젝트 농사가 시작되었다.

프로젝트 성공을 위해

본업이 뭔지 모를 정도로 온 열정을 쏟아 농사를 짓는다. 힘을 쏟으면서 몸의 근육뿐만 아니라 마음의 근육도 단단히 했다.

날씨를 원망하지도 않고, 밭을 뒤덮은 풀들을 탓하지도 않았다. 모든 것은 때가 있고 기다리는 법을 알게 되었다. 흘린 땀을 식히며 자신을 돌아보는 시간을 즐길 줄 알고, 묵묵히 한 걸음 한 걸음 나아가며 건강한 미래를 계획하고 있다.

그는 즐거운 갱년기 중이다.

수안보 온천 예찬론

수안보에서 온천을 한다는 것은

차곡차곡 쌓인 답답함, 버거운 삶의 무게, 신경 쓸 게 너무 많은 피곤한 일상, 늘 그렇지만 어려운 사람과의 관계, 덕지덕지 붙은 게으름, 부족한 나에 대한 한심함, 온몸을 채우고 있는 감정의 묵은 때, 그 모든 것을 씻어 버리는 것, 비워내고 가벼워지고 가뿐해지는 것, 텅 빈 충만함을 느끼는 것,
깨끗한 처음의 내가 되는 것, 정돈되고 정신 차리는 것
부러울 게 없는 행복한 왕이 되는 것

능소화 담장 넘던 날

그 고약한 뜨거움을 꽃으로 품었다
한낮의 변태 같던 유희는 밤이 되니
거룩한 용기가 되었다

그 사람 마음을 허물지 못하고
어쩔 수 없이 허락 없이 담장을 넘었다
내치던
어여삐 품던
이제 그대 몫이다

능소화 담장 넘던 날
한여름 밤 숨죽이며 지켜보던
놀란 달빛 때문에
그대 앞마당이 소란하였다

마른장마

내게 와도 좋을 그대는
어데서 서성거리고 있는가
그리움에 습한 가슴은
푸른곰팡이가 그득 피었다

쏟아져 내려도 좋을 장맛비는
그대처럼 머뭇머뭇
푸른곰팡이도 씻어내지 못했다

애타는 목마름
지친 기다림
혼자 흘린 눈물로도
온 세상 흠뻑 젖겠다

9월

아직 세상은 모른다
산 벚나무 잎 맨 끝자락이 붉어지는 것을

9월의 우주는 치유를 시작하고
위대했던 여름이 남겨 준
너덜너덜해진 상처들
맑은 햇살, 부드러운 바람이 어루만져
흉터를 남지 않게 할 것이다

좋은 기억을 가진 사람아
쓰린 기억을 가진 사람아
슬픈 기억 속을 헤매는 사람아
내게 오랜 기억이 될 소중한 사람아

아직 아무도 모르게
산 벚나무 잎 맨 끝자락 슬며시 물들 듯
9월의
바람결에

물결에
서로의 숨결에
아름답게 물들자

제3부

맨날 그런다

불꽃놀이

그대, 잠시 화려했던 그 순간에 머물지 마라
오래도록 끊임없이 빛나는 삶을 위하여
모든 것 접어두고
그 아프도록 찬란한 오만에 머물지 마라
부디 흐르고 흐르라
눈부셔 눈감게 되는 그날까지

이별… 그 다음

여름 한낮 이글거리는 세상
난데없이 마음속에 한파가 일었고
미로처럼 복잡한 골목 어디쯤에서
불쑥 나타난 이별을 마주하고
일방통행로에서
길을 잃다

그댄 봄

살갗 에이는 바람 불어
세상 꽁꽁 얼려 놓아도

우수수 낙엽 지며
쓸쓸함 거리에 쌓여도

한낮 태양 허세 가득
귀찮은 말 걸어 와도

그대 내게 있어
난
늘
봄!

기다리고 있는 중

면죄부 하나 들고
네가 용서를 구하러 오기를
태연한 척,
아무렇지 않은 척,
슬프지 않은 척,
그립지 않은 척

기다리고 있는 중

차마 갈 수 없는 나는
조금씩 무뎌지며
실낱같은 인연의 끈
안간힘 쓰며 움켜쥐고
아직 기다리고 있는 중
아니
어쩌면
서서히 보내고 있는 중

예의 바른 이별

덩그러니 남겨진다 해도
미련 없이 돌아서야 한다

슬프고도 친절한 푸른 하늘 아래
눈물 한 방울 떨군다 해도
기쁘게 돌아서야 한다

그리고 남은 힘이 있다면
악마의 말을 빌려 천사처럼 기도할 것
그래, 잘 살아라

오체투지

내 두 무릎과
내 두 팔과
내 이마가
취할 수 있는
가장 낮은 자세

교만하고
어리석은
내게
겸손하고
지혜롭길 바라며 주는
벌 같은 선물

중앙탑

나 걷는다
이쁜 들꽃 푸른 바람과 눈 맞출 시간도 없이
빠른 걸음 옮긴다
얼마나 더 속도를 내야
당신의 세계가 보일까
당신의 세계로 들어갈 수 있을까

두고 오지도, 데려오지도 못하는
어떤 마음 따위는 잊기로 한다

당신 늦어도 좋다
신이 허락한 시공에서
기꺼이 벙어리가 되고
귀머거리가 되어 눈 질끈 감겠다

당신 오는 거기
오랜 시간이 켜켜이 쌓여

벌써
심장의 중앙을 뚫고 견고히 서 있다

우리,
그곳에서 시작하자

화답

합의되지 않은 이별은 배반이다

배반, 그 체감온도는 몇 도일까

지구의 중심을 향해 떨어지는 눈물을
순식간에 동결건조로 날려버릴 만큼 차갑지만
심장을 얼려버리지는 못하는 온도

사랑이란 이름 뒤에 꽁꽁 숨어있던
사악한 감정들을 앞장세워
한꺼번에 불타게 할 수 있는 온도

걷잡을 수도 감당할 수도 없는
난생처음 겪는 열병에
젖은 헛웃음을 증발시키는 온도

배반의 온도는 그런 것이다

이제는 온도가 아니라 속도로 답할 때이다
스멀거리는 미련의 온도 높아지기 전
서로의 심장 안에
핏빛 눈물 고이기 전

지금, 우리 이별해야 한다

배반에 대한 최고의 화답은 빠른 이별이다

시집 한 권 들고 이별 중

일기예보가 맞지 않던 날
쏟아지는 푸른 빗소리에 취하지 않으려고
요란한 그리움은 잠시 미루고
세상의 틈을 먼저 메운다

수명을 다한 사랑은 막장을 향해
전속력으로 달리고
어떻게든 비집고 들어오고야 마는
비릿한 여름비 냄새에 귀를 닫는다

기억을 거부하는 심장은
눈을 꼭 감은 채
흔들리지 않는 무뚝뚝한 평화를 붙들고 안절부절이다

비록,
장맛비만큼 쏟아낼 눈물이 있더라도
잔인하고 비릿한 기억으로부터
완벽하게 추방당하고 싶다
스스로 별처럼 소멸되고 싶다

그리하여 마침내
모든 연애가 차곡차곡 쌓인
시집 한 권 들고
기꺼운 이별 중

연애와 불면의 상관관계

연애는 밤새 슬픔에 닿았다
뒤틀린 운명은 잔인하고
신은 내 기도를 거부한다

우리에게도
어느 한순간 화려한 축복이 있었다
황홀한 환희에 서 있는 곳 모두가 아름다웠다
서로의 입술은 경험하지 못한 자극적이고 달콤한 말을
쏟아내고 그 말들을 핥아내느라 즐거웠다
세상의 말들 따위는 들리지 않았다
그 언어로는 설명할 수 없는 날들이 흐르고 있었다
평화로이 흐르고 있었다
영원히 라는 말로 겁도 없이 서로를 옭아매고 있었다
그런데 어떻게 이토록 아플 수 있지

문득
'영원히 라는 것이 있을까'로 생각이 옮겨진다
연애가 끝나면
불면도 끝날 것을 안다

세상이 밝다
이제야 잠이 밀려온다

처음부터 또다시

견뎌내야 하는 이별 언어

"보고 싶어.
이 말, 참 아프다"
닿고 싶지만 닿을 수 없을 때
잡고 싶지만 잡을 수 없을 때
악착같이 매달리느라
손톱 밑이 아프고 마음이 해질 때
당신의 이 말 기억할게요.

"당신 너무 좋아요
이 말, 진짜 무서워요"
끝을 향해 달려가는 관계를 주저앉히고 싶을 때
망설이다 지칠 때
느닷없이 외로울 때
설렜던 이 말 생각할게요

"당신 정말 소중한 사람인 거
꼭 기억해줘요"
슬픔을 견뎌야 할 때

위험에 맞설 때
가장 가까운 사람에게 상처받았을 때
이 말에 힘낼게요

"괜찮아요 그때의 우리로
충분해요"
당신에게 나는 이 말을 전해요

아가야, 내게로 오라

아가야, 여기란다
네가 찾는 그 길 끝에
널 위해 비워둔 곳
처음 네가 머물던 곳
그곳, 여기란다

아가야, 오너라
삶의 무게가 너를 짓눌러
가늠 수 없는 슬픔이
그리움의 무게로 자리를 옮길 때
네 처음이었던 이곳으로
아가야 오너라

너를 배고
너를 지키던 그 온도, 그 아늑함, 아무 걱정 없는 평화로
길을 열고 기꺼이 맞을 테니

내 아가야
엄마, 라고 나직이 부르며
내게로 오라

특별

당신과 나 사이
우리가 함께 공유하는 사이, 그곳에는
나무에 물고기가 평화로 매달리기도 하고
희망으로 하늘을 날기도 한다
어느 순간 추락하더라도 하나도 이상할 일 아니다
불현듯 바다가 그리웠다고 하면 될 일이다

당신과 나 사이
그 사이에 있는 깊고 푸른 바다엔
노오란 해바라기 고고하게 피기도 한다
추락을 목격한
그 인연을 잊지 못해 흘리던 까만 눈물
바다에서 꽃이 되었다
더 이상 꽃 피지 않아도 놀랄 일 아니다
해바라기를 스친 찰나의 순간 황금 비늘을 얻은 물고기
그들은 어디에서든 서로를 금세 알아차린다

당신과 나 사이
그 사이에서는
불가능이 없다
오롯이 사랑이고
모든 게 특별하기에 충분하다

가을

고백이 뜨겁다
그 말에 데인 우주는 두근거리는 소란 일고
지구의 모든 잎은 아름답게 붉어진다

사랑이다

맨날 그런다

그가 툭 말을 던진다
지나가는 말이라고 한다
그의 입에서 불쑥 나온 말
내 귀를 무심히 지나쳐 가야 하는데
하필 무방비 상태의 심장에 박힌다

사방으로 고통이 날뛰고
그 사람 앞에서 정제되지 않은 눈물을 쏟아낸다

무엇에든 찔릴 준비가 된 내 우주는
지치지 않고 서럽다
한참을 서럽다
지루한 고독이고 고립이다
이제 됐다 하고
텅 빈 하늘을 보면
햇살은 뻔뻔하게 눈부시다 맨날

맨날 그런다

골목길 이별 조건

가로등은 꼭 있어야 한다
또한 그 빛이 차갑고 쓸쓸해야 한다
양쪽 담장에 바짝 붙어 주차된 자동차들이 있어야 하고
어느 차 밑에는 푸른 눈을 반짝이는
고양이 한 마리 정도는 있어야 한다
누런 달이 떠야 하고
그리움이 숙명인 달맞이꽃이
아무렇지도 않게 피어야 한다
슬픈 남자가 있어야 하고
속으로 웃는 절망한 여자의 눈물이 있어야 한다

그리고
모퉁이 돌아서면
다시 가슴 뛸
한 여자와 한 남자가 꼭 기다리고 있어야 한다

탄금대에서

어디쯤일까
뜨겁게 핀 장미 한 송이
희미하게라도 볼 수 있는
흐린 날 구름 속
그쯤일까

푸른 가시에 찔리지 않고
상처 따윈 없는
바람에 묻어온 그의 체취에
팔딱이는 심장 언저리쯤일까

다가가기에도 멀고
멀어지려면 한참 더 먼
거기 혹 지금 여기

선풍기

지루한 세계를 넘지 못하는 운명
하늘만 향해 불거나
납작 엎드려 땅만 향해 불어라

억지로 만들어낸 그 바람
허락도 없이 곧장
몸에 닿는 거
나는 싫다

아름다운 풍경을 스쳐오거나
소란한 기쁨에 들려오거나
아니,
꼭꼭 숨어버린 그에게 닿았다가
그의 체취를 묻혀오는 것이 아니라면
나는 싫다

그러니 절대
고개 숙이지 말고

빳빳이 쳐들고
저쪽 끝 천정부터
이쪽 끝 천정까지
그냥 그렇게 철학 없이 돌아라

그 바람
절대 나를 향하지 말고

서사가 없는 맹목의 바람
나는 싫다

■ 김선정 시인의 시 세계

이별 미학의 아포리즘, 그 '절대 사랑'의 정체
– 시집 《사랑밖에 난 몰라》를 중심으로

유한근
문학평론가 · 전 SCAU 교수

1. 절대 사랑의 이면

　김선정 시인은 시 낭송가로, 장백문화예술재단 대표로 그리고 문단 행정의 능력자라는 평가에 가려져 그의 시에 대한 평가는 온전히 유보되었던 것으로 보인다. 그러나 몇 편의 시를 접하면서 문학에 대한 열정과 사랑이 남다름을 엿볼 수 있었다. 사랑과 이별과 슬픔으로 이어지는 삶의 원형에 대한 사유가 깊고 넓음을 알 수 있었다. 그리고 그것을 아포리즘이라는 표현 구조로 형상화하고 있음을 알 수 있었다.

그러나 김선정 시에 있어서 간과할 수 없는 부분은 '시인의 말'에 언급한 사랑에 대한 개념과 힘이다. 그는 '시인의 말'에서 "사랑은 내 삶의 가장 아름다운 감정이고, 영혼을 감싸는 따스한 햇살입니다. /숨겨진 깊은 감정들을 시를 쓰며 쏟아 놓습니다. 기쁨의 순간, 슬픔의 여운, 그리고 그리움의 향기 속에서 조금씩 성장하고 참나를 찾아갑니다. (…) 사랑은 서로를 이해하고 연결하는 힘입니다. /나는 사랑 중입니다"라고 토로한다. 이를 통해서도 김선정 시집의 제목 《사랑밖에 난 몰라》가 입증되지만, 시 〈더는 그를 사랑하지 않는다는 것은〉을 통해서 그의 사랑법은 보통의 그것과 변별적임을 환기하려 한다.

    찌그러진 별빛
    흐린 달빛
    슬픔 한 조각 묻은 바람
    속절없는 낙화
    불쑥 내리는 비
    숨어 우는 가을 풀벌레에게도
    마음을 내어 주겠다는 것이다
    온 우주를 품고 평화와 공존을
    노래하려는 것이다

그 모든 것에게 내어 주었던 마음을
더 단단히 사랑하겠다는 것이다
우주에 사랑받은 적 없는 것들까지
가슴에 들이겠다는 것이다
더 크게 노래하겠다는 것이다

다만
그의 마음 안에서
더 이상 팔딱거리지 않는 내 심장을
한 방울 눈물도 허락하지 않고 도려내겠다는 것이다.
　　　　　　　　-시 〈더는 그를 사랑하지 않는다는 것은〉 전문

　이 시의 제목 〈더는 그를 사랑하지 않는다는 것은〉의 내포적 의미는 사랑을 했다는 사실을 전제로 한다. 그러나 어떤 이유 때문인지는 몰라도 이제는 사랑하지 않는다는 의미이거나 아니면 반어적인 의미일 수도 있다. 이를 밝히기 위해서는 시에 충실해야 할 것이다. 별빛, 달빛, 바람, 속절없는 낙화, 비, 가을 풀벌레 등 이 시에서 동원되고 있는 자연물의 이미지는 부정적이다. 그 부정적 이미지의 자연물에도 시적 자아는 "마음을 내어 주"고, "온 우주를 품고 평화와 공존을/노래하려는 것"이라고 말하고 2연에서는 이를 첨가적으로 부연 설명한다. "그 모든 것에게 내어 주었던 마음을/더 단단히 사랑하겠다"고 노래하고, "우주에 사랑받은 적 없는 것들까지/가슴에 들이겠다"고 크게 노래한다. 자아의 주변에 있는 부정적인 것들까지도 마음 주고 사랑하겠다는 절대 사랑을 이 시는 보여준다. 그리고 마지막 결말 부분에 이르러서는 "다만/그의 마음 안에서/더 이상 팔딱거리지 않는 내 심장을/한 방울 눈물도 허락하지 않고 도려내겠다는 것이다"라고 마무리한다. 여기에서 '그'라는 존재는 시인에게 있어 특별한 존재로 그의 시 곳곳에서 얼굴을 나타낼 것이다. '그'는 자연일 수도 있고, 신일 수도 있고 한편으로는 특정되는 사람일 수도 있다.

사랑을 다르게 노래한 시 〈가을〉에서는 아포리즘적 요소를 지니고 있어 주목된다. 아포리즘은 인생의 깊은 체험과 깨달음의 언어 총체이다. 삶의 지혜가 온축된 진리의 시가 아포리즘 시이다. 아포리즘을 경구, 격언, 금언, 잠언箴言으로 번역하는 이유가 여기에 있다. 김선정 시의 한 예가 시 〈가을〉이다. 가을을 이렇게 노래한다.

> 고백이 뜨겁다
> 그 말에 데인 우주는 두근거리는 소란 일고
> 지구의 모든 잎은 아름답게 붉어진다
>
> 사랑이다
>
>   -시 〈가을〉 전문

가을에 대한 사유의 끝을 시인은 위의 시에서 '사랑'으로 인식한다. 그것은 "고백이 뜨겁"기 때문이고, 그 고백에 "데인 우주는 두근거리는 소란 일고/지구의 모든 잎은 아름답게 붉어"지기 때문이라는 것이다. 감각적이지만 우주적인 인식이며 그 사유는 깊고 넓다. 단순한 인간의 사전적인 사랑의 의미가 아닌 우주적이고 초월적인 사랑이다. 이러한 김선정 시인의 인식은 앞서 말한 사랑과 이별과 슬픔으로 이어지는 삶의 원형에도 적용된다.

2. 아포리즘 언어 인식의 시

인간과 삶을 파악하는 철학에서의 방식은 존재양식과 관계양식이 있다. 전자가 대상에 대한 본체 파악을 위한 개념화인데 반해, 후자는 사람과 사람, 사람과 사회 즉 자아와 타자의 관계 속에서의 인간과 삶을 인식하기 위한 양식이다. 김선정 시인의 경우, 서정적 자아인 '나'와 대상인 '당신' 혹은 '너'와의 관계 속에서 시가 형상화된다. 따라서 김선정 시인의 시를 이해하는데 있어서의 키워드는 '당신' '너'의 정체이다. 이것부터 파악하는 것이 관건이다.

> 당신과 나 사이/우리가 함께 공유하는 사이, 그곳에는/나무에 물고기가 평화로 매달리기도 하고/희망으로 하늘을

날기도 한다/어느 순간 추락하더라도 하나도 이상할 일
아니다/불현듯 바다가 그리웠다고 하면 될 일이다

당신과 나 사이/그 사이에 있는 깊고 푸른 바다엔/노오란
해바라기 고고하게 피기도 한다
추락을 목격한/그 인연을 잊지 못해 흘리던 까만 눈물/바
다에서 꽃이 되었다/더 이상 꽃 피지 않아도 놀랄 일 아니
다/해바라기를 스친 찰나의 순간 황금 비늘을 얻은 물고
기/그들은 어디에서든 서로를 금세 알아차린다

당신과 나 사이/그 사이에서는/불가능이 없다/오롯이 사
랑이고/모든 게 특별하기에 충분하다
　　　　　　　　　　　-시 〈특별〉 전문 (*행갈이 필자 조정)

위 시 〈특별〉에서의 '당신'의 정체는 '나 사이'라는 관계양식에서 성립되는 존재이다. 그 관계양식으로 볼 때, 결론적으로 3연에서 밝힌 "당신과 나 사이"는 '불가능이 없는' "오롯이 사랑이고/모든 게 특별"한 사이이다. 다분히 아포리즘적이다. 이에 이르기 위해 시인은 당신과 나 사이를 1연에서는 "공유하는 사이" "나무에 물고기가 평화로 매달리기도 하고/희망으로 하늘을 날기도 한다/어느 순간 추락하더라도 하나도 이상할 일 아니다/불현듯 바다가 그리웠다고 하면 될 일이다"고. 그리고 2연에서는 깊고 푸른 바다에 핀 해바라기, 까만 눈물이 바다에서 핀 꽃, "해바라기를 스친 찰나의 순간

황금 비늘을 얻은 물고기"라는 이미지로 형상화하여 보여주고 있다. 다분히 초월적이고 신비로우며 기적과도 같은 사이로 표현되고 있다.

 그리고 시 〈연애와 불면의 상관관계〉에서는 '당신'이라는 존재를, "우리"라는 시어에 함유시켜 '연애'라는 시어로 응축시킨다. "연애는 밤새 슬픔에 닿았다"라는 비극적인 인식의 언어로.

  연애는 밤새 슬픔에 닿았다
  뒤틀린 운명은 잔인하고
  신은 내 기도를 거부한다

  우리에게도
  어느 한순간 화려한 축복이 있었다
  황홀한 환희에 서 있는 곳 모두가 아름다웠다
  서로의 입술은 경험하지 못한 자극적이고 달콤한 말을
  쏟아내고 그 말들을 핥아내느라 즐거웠다
  세상의 말들 따위는 들리지 않았다
  그 언어로는 설명할 수 없는 날들이 흐르고 있었다
  평화로이 흐르고 있었다
  영원히 라는 말로 겁도 없이 서로를 옭아매고 있었다
  그런데 어떻게 이토록 아플 수 있지

  문득
  '영원히 라는 것이 있을까'로 생각이 옮겨진다

연애가 끝나면
불면도 끝날 것을 안다

세상이 밝다
이제야 잠이 밀려온다

처음부터 또다시
　　　　　　- 시 〈연애와 불면의 상관관계〉 전문

　이 시에서의 키워드는 '영원히'이다. 이 시어는 "영원히 라는 말로 겁도 없이 서로를 옭아매고 있었다/그런데 어떻게 이토록 아플 수 있지"(2연)와 "'영원히 라는 것이 있을까'로 생각이 옮겨진다"(3연)에서 영원히가 핵심 언어임을 드러낸다. 3연에서 '영원히'는 "연애가 끝나면/불면도 끝날 것을 안다"는 시행과 연결되어 이 시의 제목인 〈연애와 불면의 상관관계〉에 대한 인식의 시로 이해할 수 있다. 하지만 이 시에서 시인이 정작 노래하고 싶은 것은 사랑하는 사이라 해도 '영원히'라는 개념은 존재하지 않는다는 지혜 언어이다. 이별이라는 함정이 도사리고 있기 때문이다. 또한 이 시에서도 '우리'라는 시어 속에 함유되어 있는 타자의 존재는 연애하는 사람, 사랑하는 사람이라는 정도만 밝혀줄 뿐 구체적이지는 않다. 그 사람이 친지인지 가족인지 구체적이지 않다는 말이다.

나 걷는다/이쁜 들꽃 푸른 바람과 눈 맞출 시간도 없이/빠른 걸음 옮긴다/얼마나 더 속도를 내야/당신의 세계가 보일까/당신의 세계로 들어갈 수 있을까//두고 오지도, 데려오지도 못하는/어떤 마음 따위는 잊기로 한다//당신 늦어도 좋다/신이 허락한 시공에서/기꺼이 벙어리가 되고/귀머거리가 되어 눈 질끈 감겠다//당신 오는 거기/오랜 시간이 켜켜이/쌓여/벌써/심장의 중앙을 뚫고 견고히 서 있다//우리,/그곳에서 시작하자

- 시 〈중앙탑〉 전문

위의 시 〈중앙탑〉에서 시인은 '당신의 세계'로 들어가기 위해 걷는다. "두고 오지도, 데려오지도 못하는/어떤 마음 따위"도 잊기로 한다. 여기에서 '어떤 마음'의 정체가 궁금해진다. 그리고 "신이 허락한 시공에서/기꺼이 벙어리가 되고/귀머거리가 되어 눈 질끈 감"지만, 당신은 "오랜 시간이 켜켜이/쌓여/벌써/심장의 중앙을 뚫고 견고히 서 있"는 중앙탑에 존재한다. 그리고 시인은 결말에 이르러 "그곳에서/시작하자"로 마무리한다. 여기에서의 그곳은 중앙탑이겠지만 중앙탑이 표상하고 있는 의미는 여러 각도에서 살펴보아야 할 것이다.

이를 풀기 위해서는 제목이기도 한 '중앙탑'을 주목해야 한다. 중앙탑은 사전적 의미로 중앙에 있는 탑을 의미하는 것이지만, 시인의 개인적인 체험적 서사와 관계가 있는 탑으로 여기에서의 중앙탑은 충북 충주시 중앙탑면 탑평리에 위치한

탑을 말하는 것으로 볼 수 있다. 이에 대한 전설도 참고해야 할 것이다. 중앙탑 전설은 통일신라 경주 송림사 스님과 관련된 전설로, "중원에 왕기가 있으니 이를 제어하기 위해 진어탑鎭御塔을 세워야 한다"는 스님의 고언에 세운 탑이라는 전설이 있지만, 이 시에서의 중앙탑은 이 전설과는 직접적인 관계가 없다고 해도 이 시의 '당신'과 관련된 탑으로 인식되어야 할 것이며, 왕기를 제어하기 위해 탑을 세웠다는 이야기에서 오랜 인연과 '제어'라는 의미에 주목해야 할 것이다.

또한 이 시에서의 '벙어리'와 '귀머거리'라는 시어와 유기적 의미 구조망으로 볼 때 정서 혹은 감각, 감성의 제어로 이해해도 좋을 것이다. 비약된 해석일 수는 있지만 '당신의 세계'로 다가가고 싶은 감정을 제어하는 시인의 절제된 마음을 표현한 것으로 보아도 좋을 것이다. '당신'이라 지칭되는 특별한 존재 혹은 부처를 향하는 절제된 마음이 그것이다. 이렇게 이 시를 표현된 시어와 시 문장을 그대로 이해하면, 이 시에 함유되어 있는 시인의 마음, '어떤 마음'은 당신에 대한 절제된 마음으로 이해해도 좋을 것이다.

3. 이별의 미학, 그 의미 공간

'당신이 좋다' 또는 '당신은 소중한 사람'이라고 노래하고 있는 시 〈견뎌내야 하는 이별 언어〉는 "보고 싶어./이 말, 참 아프다"고 서두를 진솔하게 토로한다. 그리고 "손톱 밑이 아프고 마음이 해질 때/당신의 이 말 기억할게요"라고 1연에서 노래하기도 한다.

"보고 싶어.
이 말, 참 아프다"
닿고 싶지만 닿을 수 없을 때
잡고 싶지만 잡을 수 없을 때
악착같이 매달리느라
손톱 밑이 아프고 마음이 해질 때
당신의 이 말 기억할게요.

"당신 너무 좋아요
이 말, 진짜 무서워요"
끝을 향해 달려가는 관계를 주저앉히고 싶을 때
망설이다 지칠 때
느닷없이 외로울 때
설렜던 이 말 생각할게요

"당신 정말 소중한 사람인 거
꼭 기억해줘요"
슬픔을 견뎌야 할 때
위험에 맞설 때
가장 가까운 사람에게 상처받았을 때
이 말에 힘낼게요

"괜찮아요 그때의 우리로
충분해요"
당신에게 나는 이 말을 전해요
　　　　　　- 시 〈견뎌내야 하는 이별 언어〉 전문

　위의 시 2연에서 시인은 "당신 너무 좋아요/이 말, 진짜 무서워요"라고 토로한다. 그리고 "끝을 향해 달려가는 관계를 주저앉히고 싶을 때/망설이다 지칠 때/느닷없이 외로울 때/설렜던 이 말 생각"하겠다고 노래한다. 그리고 3연에서는 "가장 가까운 사람에게 상처받았을 때" 당신의 가장 소중한 사람인 것을 기억하고 힘을 내겠다고도 노래한다. 그리고 마지막 연에서는 "괜찮아요 그때의 우리로/충분해요"라고 당신에게 말을 하겠다고도 노래한다. '그때의 우리'라는 시어가 이 시의 키워드인 셈이다. 어느 때이든, 어떤 감정이나 말이나 가장 충분했던 것은 같이 있었던 '그때의 우리'라는 이야기이다. 이는 이별을 전제로 한 노래이다. 지금은 같이 하지 못하는 부재의 당신을 전제하고 부르는 사랑의 시이다. 이별의 미학을 '그때의 우리'로 소환하여 치유하고 있는 노래인 셈이다.
　하지만, 김선정 시인은 시 〈화답〉이라는 시 첫 행에서 "합의되지 않은 이별은 배반이다"고 단언한다. 그리고 그 "배반, 그 체감온도는 몇 도일까"를 묻기도 한다.

합의되지 않은 이별은 배반이다

배반, 그 체감온도는 몇 도일까

지구의 중심을 향해 떨어지는 눈물을
순식간에 동결건조로 날려버릴 만큼 차갑지만
심장을 얼려버리지는 못하는 온도

사랑이란 이름 뒤에 꽁꽁 숨어있던
사악한 감정들을 앞장세워
한꺼번에 불타게 할 수 있는 온도

걷잡을 수도 감당할 수도 없는
난생처음 겪는 열병에
젖은 헛웃음을 증발시키는 온도

배반의 온도는 그런 것이다

이제는 온도가 아니라 속도로 답할 때이다
스멀거리는 미련의 온도 높아지기 전
서로의 심장 안에
핏빛 눈물 고이기 전

지금, 우리 이별해야 한다

배반에 대한 최고의 화답은 빠른 이별이다
- 시 〈화답〉 전문

앞서 이 시의 서두에서 '합의되지 않은 이별은 배반이며, 그 배반의 체감온도는 몇 도'인가 라는 화두로 시를 발상한다고 말한 바 있다. 그리고 눈물의 온도와 사랑의 온도를 통해서 배반의 온도가 "걷잡을 수도 감당할 수도 없는/난생처음 겪는 열병에/젖은 헛웃음을 증발시키는 온도"라고 말하면서, "이제는 온도가 아니라 속도로 답할 때"라고 노래하면서 "스멀거리는 미련의 온도 높아지기 전/서로의 심장 안에/핏빛 눈물 고이기 전//지금, 우리 이별해야 한다//배반에 대한 최고의 화답은 빠른 이별이다"고 마무리한다. 빠른 이별은 합의되지 않은 이별의 배반을 치유하는 가장 빠른 방법임을 시 〈화답〉에서는 노래한다.

그리고 시 〈골목길 이별 조건〉에서는 하나의 이별 방식에 대한 조건을 제시해준다. 한 폭의 그림처럼 이미지로 그려주고 있다.

> 가로등은 꼭 있어야 한다
> 또한 그 빛이 차갑고 쓸쓸해야 한다
> 양쪽 담장에 바짝 붙어 주차된 자동차들이 있어야 하고
> 어느 차 밑에는 푸른 눈을 반짝이는
> 고양이 한 마리 정도는 있어야 한다
> 누런 달이 떠야 하고
> 그리움이 숙명인 달맞이꽃이
> 아무렇지도 않게 피어야 한다

슬픈 남자가 있어야 하고
속으로 웃는 절망한 여자의 눈물이 있어야 한다

그리고
모퉁이 돌아서면
다시 가슴 뛸
한 여자와 한 남자가 꼭 기다리고 있어야 한다
                         - 시 〈골목길 이별 조건〉 전문

  차갑고 쓸쓸한 가로등, 담장에 붙은 자동차, 차 밑의 고양이가 푸른 눈을 반짝이는 골목길. 누런 달이 떠 있고 달맞이꽃이 여기저기 피어있는 곳에 슬픈 남자가 서 있다. 속으로 웃지만 눈물을 흘리는 절망한 여자도 서 있는 그림. 그 그림 속 골목길 모퉁이를 돌아서면 "다시 가슴 뛸/한 여자와 한 남자가 꼭 기다리고 있"는 그 이미지가 골목길 이별 조건이라는 이야기 시가 〈골목길 이별 조건〉이다.

  이 시가 우리를 주목하게 하는 이유는 이별의 조건이 환경 혹은 배경과도 같은 하나의 이미지일 수 있다는 것을 보여주고 있다는 점이다. 그 배경이 서정적이든 아니면 공포스러운 환경이든 사람과 사람 사이의 관계와는 연결고리가 없는 것 때문일 수 있음을 보여주고 있는 점이다. 이런 시적 공간이 곧 이별의 미학 중 하나이다.

  이렇듯 이별을 노래한 관계양식의 시 몇 편을 통해서 볼 때, 시 속의 '당신'이나 '너'는 불특정 다수의 사람일 수 있지만 시인에게는 특별한 한 사람이다. 예컨대 사랑하는 사람인 혈육 또는 친지일 수 있을 것이다. 시 〈맨날 그런다〉에서의 '그'가 의미하는 특별한 사람처럼.

4. 총체적인 감성적 이미지의 시

시 〈맨날 그런다〉는 우리 삶의 일상성과 상투성에 대하여 깊은 사유로 쓴 시이다. 우리가 무심코 쓰는 말이 그렇고 우리의 감정과 정서가 맨날 그렇고 그런 것처럼. 그게 일상이니까? 하지만 그것은 특별하다.

그가 툭 말을 던진다
지나가는 말이라고 한다
그의 입에서 불쑥 나온 말
내 귀를 무심히 지나쳐 가야 하는데
하필 무방비 상태의 심장에 박힌다

사방으로 고통이 날뛰고
그 사람 앞에서 정제되지 않은 눈물을 쏟아낸다

무엇에든 찔릴 준비가 된 내 우주는
지치지 않고 서럽다

한참을 서럽다
지루한 고독이고 고립이다
이제 됐다 하고
텅 빈 하늘을 보면
햇살은 뻔뻔하게 눈부시다 맨날

맨날 그런다

- 시 〈맨날 그런다〉 전문

툭 던진 말, 지나친 말, 불쑥 내뱉은 말이 상대방에게 큰 상처를 줄 수 있다. 그리고 무방비 상태의 시인 심장에 박힌다. 그럴 때 시인은 "그 사람 앞에서 정제되지 않은 눈물을 쏟아"내곤 한다. 그때 시인의 심정을 이렇게 그리고 있는 점이 특별하다. "무엇에든 찔릴 준비가 된 내 우주는/지치지 않고 서럽다/한참을 서럽다"라는 그 시인의 정조는 "지루한 고독이고 고립"이라는 인식이 더욱더 특별하다. 그래서 시인은 "이제 됐다 하고/텅 빈 하늘을 보면/햇살은 뻔뻔하게 눈부시다 맨날" 그렇다는 것이다. 이러한 상황이 시인의 특별한 일상 중 하나일 텐데 시인은 "맨날 그런다"고 노래한다. 일상적인 감성을 특별한 감각으로 시를 형상화하고 있는 점이 주목된다.

시 〈선풍기〉라는 시에서도 이런 감성을 엿보게 된다.

지루한 세계를 넘지 못하는 운명
하늘만 향해 불거나
납작 엎드려 땅만 향해 불어라

억지로 만들어낸 그 바람
허락도 없이 곧장
몸에 닿는 거
나는 싫다

아름다운 풍경을 스쳐오거나
소란한 기쁨에 들려오거나
아니,
꼭꼭 숨어버린 그에게 닿았다가
그의 체취를 묻혀오는 것이 아니라면
나는 싫다

그러니 절대
고개 숙이지 말고
빳빳이 쳐들고
저쪽 끝 천정부터
이쪽 끝 천정까지
그냥 그렇게 철학 없이 돌아라

그 바람
절대 나를 향하지 말고

서사가 없는 맹목의 바람
　　나는 싫다

- 시 〈선풍기〉 전문

　위의 시는 시인의 일상적 감성을 가늠하게 하는 시이다. 철학 없이 돌아가며 자신에게 보내는 바람, "서사가 없는 맹목의 바람"으로 오는 선풍기 바람이 싫다는 것이다. "꼭꼭 숨어버린 그에게 닿았다가/그의 체취를 묻혀오는 것이 아니라면" 시인은 싫다고 노래한다. '꼭꼭 숨어버린 그'에 대한 서사는 행간 속에 숨겨져 있지만, 앞서 탐색해본 것으로 보아도 이별한 당신이고 그의 서사이다. 앞의 시 〈맨날 그런다〉의 시 구절인 "지치지 않고 서럽"고, "한참을 서럽"게 하는 그리고 "지루한 고독이고 고립"을 느끼게 하는 존재와의 서사이다. 더위를 가시게 해주는 선풍기 바람을 쐬면서도 그의 체취를 그리워하는 시적 화자의 사랑은 지고한 마음일 것이다.

　그의 체취, 후각적 이미지는 원초적인 감각이다. 이런 후각적 이미지가 두드러지게 나타나는 시는 기행시로 분류될 수 있는 〈탄금대에서〉이다. 탄금대는 충주시 칠금동에 있는 토성으로 되어 있는 명승지이다. 이곳은 달천이 남한강에 합류하는 합수머리 안쪽에 솟은 토성이다. 이곳에서 시인은 이렇게 노래한다.

어디쯤일까
뜨겁게 핀 장미 한 송이
희미하게라도 볼 수 있는
흐린 날 구름 속
그쯤일까

푸른 가시에 찔리지 않고
상처 따윈 없는
바람에 묻어온 그의 체취에
팔딱이는 심장 언저리쯤일까

다가가기에도 멀고
멀어지려면 한참 더 먼
거기 혹 지금 여기

- 시 〈탄금대에서〉 전문

    위의 시 〈탄금대에서〉는 감각 이미지를 총체적으로 차용해서 쓴 보기 드문 감각적인 시이다. 앞서 언급한 "바람에 묻어온 그의 체취"라는 후각적 이미지와 "뜨겁게 핀 장미 한 송이"의 촉각적이고 시각적인 장미의 이미지, 그리고 "팔딱이는 심장"에서 감지되는 청각적 이미지 등 미각적 이미지가 제외된 이미지들이 총체적으로 차용된 시라는 점에서 그 특성을 살필 수 있다.

    하지만 그보다는 3연의 "다가가기에도 멀고/멀어지려면

한참 더 먼/거기 혹 지금 여기"에서 인지하게 되는 그에 대한 그리움이나 사랑의 깊이와 그 절실함을 인식할 수 있다는 점에서 전율을 느끼게 하는 시이다. 마지막 시행인 "거기 혹 지금 여기"는 '그'와 시적 자아와의 거리 인식의 절망감이 느껴져서 더욱더 그러하다. '그'가 있는 곳이 "다가가기에도 멀고/멀어지려면 한참 더 먼" 곳이기 때문에, 이승이 아닌 차원 다른 공간이라는 가능성이 있기 때문이다. '그'가 있는 곳에 대한 표현을 극도로 자제하고 있지만, 필자가 이 글을 서두에서 언급한 "사랑과 이별과 슬픔으로 이어지는 삶의 원형에 대한 사유가 깊고 넓음을 알 수 있었다"는 김선정 시의 감성적 특징과 "그것을 아포리즘이라는 표현 구조로 형상화하고 있"다는 평가가 그의 사랑 시에 대한 평가에서 폄훼되지 않기를 바랄 뿐이다.

김선정 시집

사랑밖에 난 몰라

인쇄 | 2025년 4월 14일
발행 | 2025년 4월 18일

지은이 | 김 선 정
펴낸이 | 서 정 환
펴낸곳 | 인간과문학사

주   소 | 서울특별시 종로구 삼일대로 30길 21, 종로오피스텔 809호
전   화 | 02)747-5874, 063)275-4000
등   록 | 제300-2013-10호
E-mail | inmun2013@hanmail.net

값 13,000원
ISBN 979-11-6084-246-3 03810

* 저자와 협의하여 인지는 생략합니다.
* 잘못된 책은 바꿔 드립니다.

Printed in KOREA